BEI GRIN MACHT SICH IHR WISSEN BEZAHLT

- Wir veröffentlichen Ihre Hausarbeit, Bachelor- und Masterarbeit

- Ihr eigenes eBook und Buch - weltweit in allen wichtigen Shops

- Verdienen Sie an jedem Verkauf

Jetzt bei www.GRIN.com hochladen und kostenlos publizieren

Adrian Baumgartner

Giambattista Vico und die Altäre

Das Heilige bei Vico

GRIN Verlag

Bibliografische Information der Deutschen Nationalbibliothek:

Die Deutsche Bibliothek verzeichnet diese Publikation in der Deutschen National-
bibliografie; detaillierte bibliografische Daten sind im Internet über http://dnb.d-
nb.de/ abrufbar.

Impressum:

Copyright © 2011 GRIN Verlag GmbH
Druck und Bindung: Books on Demand GmbH, Norderstedt Germany
ISBN: 978-3-656-60874-5

Dieses Buch bei GRIN:

http://www.grin.com/de/e-book/269700/giambattista-vico-und-die-altaere

GRIN - Your knowledge has value

Der GRIN Verlag publiziert seit 1998 wissenschaftliche Arbeiten von Studenten, Hochschullehrern und anderen Akademikern als eBook und gedrucktes Buch. Die Verlagswebsite www.grin.com ist die ideale Plattform zur Veröffentlichung von Hausarbeiten, Abschlussarbeiten, wissenschaftlichen Aufsätzen, Dissertationen und Fachbüchern.

Besuchen Sie uns im Internet:

http://www.grin.com/

http://www.facebook.com/grincom

http://www.twitter.com/grin_com

Essay zu Giambattista Vico's Altäre

Einleitung

Ich stütze mich bei meinen Gedanken auf das einleitende Kapitel und auf spätere Erwähnungen von Altären.

Altäre, allgemein und symbolisch gesehen, sind etwas Heiliges oder auf ihnen befindet sich etwas Heiliges. Vico Giambattista geht bei diesem Bildnis auch von dieser Idee aus. Er braucht den Begriff Altar jedoch symbolisch für die wahre respektive die natürliche Religion. So wie er dieses Thema immer wieder generell benutzt, merkt man jedoch, dass er damit die ideale Religion, nämlich das Christentum mit den jüdischen Wurzeln, meint. Daher auch die besondere Stellung der Hebräer als Mitbegründer des Christentums. Wenn Vico etwas heilig ist, dann die christliche Religion und deren Wurzeln.

Insbesondere folgenden Fragestellungen habe ich untersucht

Welche Heiligkeit meint Vico? Wo ist das Heilige bei Vico? Was oder wer ist für ihn heilig? Welche Rolle spielt Religion überhaupt in seinem System.

Wo ist das Heilige bei Vico?

Vico interpretiert die Hierarchie der Religionen aus der Perspektive eines Christen, der selbstbewusst die eigene Tradition vertritt und dabei alles Vorangegangene als Anfang und Grundlage, das heisst untergeordnet, betrachtet (1. Furchteinflössender Gott, der die Ordnung zwanghaft, tyrannisch erwirkt; 2. Erste Altäre waren nur auf dem Feld; 3. Rohes Volk braucht rohe Religion). Heilig ist ihm vor allem seine eigene Tradition, insbesondere deren Regeln und Moral.

Welche Heiligkeit meint Vico?

Heilig sind für ihn die Ehe, die Familie und die Ordnung des sozialen Zusammenlebens in einer Gemeinschaft oder Gesellschaft. Daraus entstehen die Gesetze und Regeln, die ein harmonisches Zusammenleben, eine gute Politik garantieren. Beispiele dazu sind seine Ausführungen zu Verträgen und zur Politik. Ohne das Werk zu Ende gelesen zu haben, erscheint mir, dass für ihn schlussendlich der ideale Staat im Zentrum steht. Karl Marx lässt grüssen, geht mir durch den Kopf, ohne seine Rezensionsgeschichte zu kennen.

Was ist ihm heilig?

Heilig ist ihm die Moral, die Gewalt in den richtigen, adligen Händen zu wissen, die Ehe und die christlichen Tugenden. Er vertritt ein Klassendenken (Knechte, Sklaven, Genossen, etc.), das erst durch die Aufklärung nach seinem Ableben im 18.

1

Jahrhundert und nicht alleine durch das Christentum ein Ende fand. Die Bibel verurteilt die Sklaverei nicht explizit. Die Auswirkungen der kolonialen Politik der Sklaverei ist bis in das 19. Jahrhundert oder sogar noch bis heute spürbar. Auch da haben Christen und Aufklärer nicht besonders hingeschaut und es all zu lange in den Händen der Politik gelassen

Wer ist für ihn heilig?

Diejenigen, die das Ruder halten, wie im Bild das Symbol des Ruders. Das heisst die Heroen und der daraus entstandene adlige Stand. Jedoch nur wenn dieser Stand die Religion nicht missachtet. Sonst ist diese Gesellschaft dem Untergang geweiht.

Stellung und Aussage des Altars im Bild und in Vicos Geschichtsphilosophie

Altäre stellen vermutlich für Vico das Symbol für Religion und das Heilige dar. Bei der Erläuterung des Bildes erwähnt er diese mehrere Male. Später erneut einige Male.

Am Anfang aller Altäre, also vor aller organisierten Religion, galten die bebauten Felder als Grundbausteine der zivilen, geordneten Bevölkerung, die Grundlage für eine Religion bzw. für einen Altar. Vico spielt hier sicher auch auf die griechische Göttin Vesta (Göttin und Hüterin des Feuers und von Heim und Herd) und Demeter/Ceres an, der als Urmuttergöttin das Ackerfeld zugeordnet war. Demeter galt als Göttin der Fruchtbarkeit und des Anbaus. Wasser, Feuer und Korn waren die hauptsächlichen Elemente der römischen Religionsrituale. Diese Symbole fasst er zusammen als Ursymbole der Religion und als Brutstätte von Religionen. Eigentlich waren die ersten Altäre Opferstätten für Gaben für Gottheiten. Vico hat den Gedanken des Opfers nicht speziell, nur als Voraussetzung für die richtigen Orakelinterpretationen erwähnt. Es geht ihm um etwas anderes. Ich denke, dass er das Symbol der Altäre generell als Symbol für die verschiedensten Religion gebraucht.
Hinzu kommt die Funktion der Beerdigungsstätten, die er als „Landnahme" identifiziert und somit als das Ende der Nomadengesellschaft und damit der Beginn der Sesshaftigkeit bezeichnet. Der Anfang der Gesellschaft, wie wir sie heute kennen.
Der Bezug auf die Vorsehung im Bild in der Einleitung ergibt Folgendes:
Die Weltkugel wird nur einseitig gestützt, dass heisst wohl, dass der Mensch nur einseitig in der Vorsehung von der Religion unterstützt wird. Die gesellige Seite des Menschen wird in der Religion jedoch vernachlässigt.
Der Altar steht unter der Erdkugel und stützt diese. Die Begründung dafür ist der Ursprung der Mythen durch die Heiden, die ersten Nationen der Menschheit. Diese glaubten damals, dass der Himmel ganz nah sei und die Erde stütze. Dieser ursprüngliche Grund auf dem die Welt ruht, sei die Religion.
Unter den Hieroglyphen befindet sich der Altar, weil gemäss Vico die Religion die Grundlage der politisch, sozialen, geordneten Welt ausmacht.
Der Augurenstab rechts vom Altar bedeutet der Beginn der Kommunikation mit Gott und die ersten Priesterfunktionen, die ausgeübt wurden. Die Auguren "führten" die Gesellschaft aufgrund ihrer Orakelsprüche, da sie glaubten, dass Gott die Zukunft sehen konnte, eben aus der Vorsehung. Mit der Verbindung zum Feuer und dem Wasserkrug sind wohl auch die Orakel und Rituale der Heiden gemeint, aus denen alle menschlichen Einrichtungen entstanden sind.

Die Ehe, als Grundlage der Kulturen, ist eng mit dem Altar in Berührung durch das Symbol der Fackel. Die Fackel erhält durch das Lichtspenden eine Vorbildfunktion. Die göttliche Zeremonie von aqua und igni, das Eheritual, brachte die Menschen dazu, in Gesellschaft zu leben.

Hier wird die Unzucht und Untreue als urbarbarisches Element absolut verurteilt, das alle Menschlichkeit und Sittlichkeit verunmöglicht. Von mir aus gesehen ist das eine ziemlich gewagteThese. Dies ist im Hinblick auf die Polygamie im Alten Testament eine sehr evangelische und katholische Interpretation der Bibel. Seine Biographie kommt hier stark zum Tragen.

Schliesslich das Steuerruder (Adligen) ist weit weg vom Pflug (Arbeiter) und angelehnt an den Altar. Die Religion als Vermittlung der Führung durch den Adel und das Abseits der Arbeiter von der Religion. Das heisst, wenn der Adel sich gegen die Religion wendet, geht die Gesellschaft unter.

Auf vielen Medaillen sind ein Altar, ein (Auguren-)Stab oder ein Dreifuss dargestellt. Dies als Symbol des auf dem Göttlichen beruhenden Recht.

Ara heisst lateinisch Altar und arare pflügen, das heisst das Pflügen geht etymologisch gesehen auf den Altar zurück. Er leitet sehr viele seiner hauptsächlichen Argumente aus der Etymologie ab und auch hier betont er die Wortherkunft und sieht in der Sprache eine offenbarende Weisheit. Die Wortverwandtschaft von arare und ara verleitet ihn zu einigen Schlüssen. Diese Erkenntnistheorie erscheint mir ziemlich wackelig, da die Sprache selbst und deren Herkunft nicht immer logisch oder gar eine Offenbarung Gottes ist.

Auf den Altären wurden später sogar Gewalttätige geopfert, wie er später erwähnt. Der Altar wird damit später zum Reinigungselement bei den Menschen. Die reinigung von Gewalt und

Fazit

Vico untermauert seine These, dass die Ehe und die Religion als Hauptmerkale konstitutiv für die menschliche Gesellschaft bestehen müssen. Er leitet einige Ideen aus der Sprache ab und begründet vieles aus einer moralischen Perspektive. Die zentrale Funktion des Altars im Bild, entspricht ziemlich genau seinem Bild von Religion, Kultur und Gesellschaft.

Adrian Baumgartner